CHANSONNIER

DES BRAVES,

RECUEIL DE CHANSONS MILITAIRES ANCIENNES ET MODERNES.

Oui, je suis soldat, moi,
Je sers ma patrie !

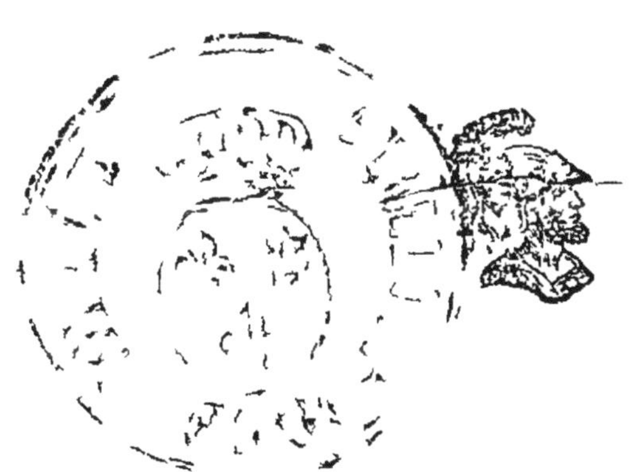

PARIS,

CHEZ { CAILLOT, père et fils, Libraires, rue St.-André-des-Arts, n° 57.

DELARUE, Libraire, quai des Augustins, n° 15.

ÉPERNAY, DE L'IMP. DE WARIN-THIERRY.

CHANSONNIER

DES BRAVES.

RONDE MILITAIRE.

Air : *Oui, je suis soldat moi.*

Oui, je suis soldat, moi,
Je sers ma patrie ;
Pour la France et pour mon roi
Je donnerais ma vie.
Puisqu'enfin nous reprenons
Nos antiques bannières,
Heureux Français, entonnons
Ce refrain de nos pères :
Oui, je suis soldat, moi,
Je sers ma patrie ;
Pour la France et pour mon roi
Je donnerais ma vie.

Sous le règne de Henri
L'honneur du diadême,

Chacun chantait à l'envi
Jusqu'au ministre même :
  Oui , je suis etc.

Bayard , des impériaux
Voulant sauver Mézière ,
Fit chanter , sous les drapeaux
A son armée entière :
  Oui , je suis etc.

Si Turenne rarement
Vit sa valeur trompée ,
C'est qu'il s'écriait gaîment ,
En tirant son épée :
  Oui , je suis etc.

Mars est père de l'amour ,
Et le guerrier fidèle
Est sûr d'un tendre retour
Dès qu'il chante à sa belle :
  Oui , je suis etc.

Verse, Bacchus, verse nous....
Quand au roi qu'on adore
On a bu cent et cent coups
On chante mieux encore :
  Oui , je suis etc.

Si quelques débats chez nous
Venaient à s'introduire,
Soudain, amis, songeons tous
Que nous venons de dire :
    Oui, je suis etc.

De Bacchus, de Mars, d'Amour,
Goûtant la triple ivresse,
Soir et matin, nuit et jour,
Français, chantons sans cesse :
    Oui, je suis soldat, moi,
        Je sers ma patrie ;
Pour la France et pour mon roi
        Je donnerais ma vie.

DÉSAUGIERS.

LES VÉLOCIFÈRES DE LA GLOIRE.

Air des dettes.

De tous temps nos braves soldats
Ont su franchir dans les combats
        Les routes ordinaires :
Pressés de vaincre ou de mourir,
A la gloire on les vit courir
        Dans des vélocifères.

ARMAND-GOUFFÉ.

1*

HISTOIRE D'UN JEUNE VÉTÉRAN.

Air de la cataquoi.

Quinze ans, deux beaux yeux, vivandière
Sont l'âge, le bien et l'état
Dont jadis ma mère était fière ;
Pour mon père, il servait l'état.
Aux amis, je tais par prudence,
Son nom, pour n'en blesser aucun ;
  Déjà chacun
  M'en indique un :
Ne faut-il pas qu'enfin ce soit quelqu'un ?
 D'ailleurs, ma mère, en confidence,
M'a juré que je n'en eus qu'un.

Or, de *Valmy* c'était la veille ;
Neuf mois juste après ce roman,
Le bruit du canon me réveille
Jusque dans le sein de maman ;
M'entendant frapper à la porte,
Un grognard, fin pronostiqueur
  Dit : Jolicœur
  Aura du cœur !

Faut que demain, jurons-le tous en chœur,
Ce conscrit-là , diable m'emporte ,
Tête à la santé du vainqueur !

Maman, d'un drapeau qu'au Margrave
Prit le régiment triomphant ,
Façonne un lange , et du plus brave ,
Promet que je serai l'enfant.
De par sa mine joliette ,
Sans être grand magicien ,
Plus d'un ancien
Bon logicien ,
Jura tout bas qu'aux dépens du Prussien
Il entretiendrait ma layette.....
Pour prouver que j'étais le sien.

De Brunswick et de sa livrée ,
Tandis que se moquant beaucoup,
La Champagne était délivrée ,
Maman le fut par contre coup.
On m'offrit un sein peu farouche
Qui tentait plus d'un égrillard :
Mais peu criard
Quand un pillard
M'en écartait par un geste paillard,

Son bidon me fermait la bouche...
Je n'en venais que plus gaillard.

A nos conquêtes en Belgique
J'assistai dans un sac à peau ;
Et déjà marin énergique,
Jurais au passage du Pô.
N'étant pas de ces plus timides,
Je poussai comme un champignon,
Très-peu-mignon,
Bon compagnon,
Je vis l'Egypte, et bravant le guignon,
Pour les vainqueurs des pyramides,
J'mis ses dieux en soupe à l'oignon.

J'eus l'honneur de battre la charge
A Marengo, près de Dessais ;
Ulm eut ma première décharge,
Austerlitz, mes seconds essais.
Je conquis ma part de la Prusse,
Puis en Espagne, un contre trois,
En vingt endroits,
J'acquis des droits ;
Je fus à Vienne ; et dans Moscow,
La cravatte d'un drapeau russe
Me fournit un ruban de croix.

A chaque nouvelle campagne,
Sur la place j'étais laissé ;
L'amour à nouvelle compagne
Confiait le pauvre blessé.
On trouvait si peu de rebelles....
Parfois ce péché capital
  Me fut fatal....
  Mars est brutal ;
Mais je ne sais qui me mit, au total,
 Ou des ennemis ou des belles,
 Le plus souvent à l'hôpital.

Comme l'on ne me voyait guère
Séjourner parmi les traînards ,
J'eus enfin , de guerre en guerre,
L'épaulette à graine d'épinards ;
A Montmirail, j'obtins la paire :
De mes preux un vieux dévouement
  Dicta gaîment
  Le compliment.....
J'avais été l'enfant du régiment
 Je tâchai d'en être le père ,
 Ce fut là mon remercîment,

LA CHEVALERIE.

Air : *Partant pour la Syrie.*

De la chevalerie
Chantons les temps heureux ;
Célébrons notre amie,
Comme les anciens preux,
Héritiers de la lyre
Des joyeux troubadours,
Que notre chant respire
La gloire et les amours.

Quand la chevalerie
La veille d'un tournois,
Se trouvait départie
Au page, franc courtois ;
Aux genoux de sa belle,
Il jurait en ce jour,
D'être à jamais fidèle
A la gloire, à l'amour.

Par la chevalerie
Aux vertus ramené,

Sous les yeux de Sophie,
Sergine est couronné,
Il doit à sa vaillance
Un paternel retour,
Et tout célèbre en France,
Sa gloire et son amour.

De la chevalerie
Duguesclin et Bayard,
Pendant toute leur vie,
Suivirent l'étendard.
Favoris de Bellone,
Ils virent, tour à tour,
Embellir leur couronne
Par la gloire et l'amour.

C'est la chevalerie
Qui rendit Ferdinand
L'orgueil de l'Ibérie,
Bon époux, tendre amant.
Sous son heureux empire
Les gentils troubadours
Chantèrent sur la lyre
Sa gloire et ses amours.

De la chevalerie
Voici toute la loi :
Servir Dieu, sa patrie,
Sa maîtresse et son roi ;
Protéger la faiblesse
Au péril de ses jours,
Et célébrer sans cesse
La gloire et les amours.

LÉON TEMPLIER.

APRÈS NOUS, S'IL EN RESTE.

AIR : *Rendez-moi mon écuelle de bois.*

De Bellone amans et favoris,
Français nés pour la gloire,
Qui marchiez de pays en pays ;
De victoire en victoire ;
Au champ de Mars, heureux guerriers,
Votre courage nous atteste
Qu'on pourra moissonner des lauriers,
Après vous, s'il en reste.

BRAZIER.

DEVISE
DES CHASSEURS FRANÇAIS.

AIR : *Au clair de la lune.*

Honneur et franchise,
Loyauté, valeur,
Voilà la devise
De tout bon chasseur ;
Courtois près des belles,
Fidèle à sa foi,
Il sert avec elles
La France et son roi.

Aux champs de Bellone
L'honneur le conduit ;
Et quand l'airain tonne
La gloire le suit.
Si la mort l'appelle
Il dit sans effroi :
A mon vœu fidèle
Je meurs pour mon roi.

LE SOLDAT AMOUREUX.

Air : *Quoi ma voisine es-tu fâchée ?*

Qu'on ne me parle plus de guerre ;
Parlons d'amours :
Consacrons au dieu de Cythère
Nos plus beaux jours.
Quand on a du vin de Champagne
Et sa Cloris,
On se rit d'aller en campagne,
Vive Paris!

Quand j'ai de vin rempli mon verre,
Adieu l'amour,
Je renonce au dieu de Cythère
La nuit, le jour.
Quand j'ai du bon vin de Champagne
Ou du vin gris,
A Paris comme à la campagne
Je bois, je ris.

LA COLONNE.

Air nouveau.

Salut, monument gigantesque
De la valeur et des beaux-arts,
D'une teinte chevaleresque
Toi seul colore nos remparts.
De quelle gloire t'environne
Le tableau de tant de hauts faits!
Ah ! qu'on est fier d'être Français
Quand on regarde la colonne !

Anglais, fiers d'un jour de victoire,
Par vingt rois conquis bravement,
Tu prétends, pour tromper l'histoire,
Imiter ce beau monument.
Souviens-toi donc, race bretonne,
Qu'en dépit de tes factions,
Du bronze de vingt nations,
Nous avons formé la colonne.

Et vous, qui domptez les orages,
Guerriers, vous pouvez désormais
Du sort mépriser les outrages,
Les héros ne meurent jamais.

Vos noms , si le temps vous moissonne,
Iront à la postérité ,
Vos brevets d'immortalité
Sont burinés sur la colonne.

Pourquoi sur l'onde fugitive
Se soustraire au pouvoir royal ?
Pour moi, comme la sensitive ,
Je mourrai sur le sol natal.
Et si la France un jour m'ordonne
De chercher au loin le bonheur,
J'irai mourir au champ d'honneur,
Ou bien au pied de la colonne.

E. DEBRAUX.

LE TAMBOUR ET LE TROMPETTE,

AIR : *Dans les gardes françaises.*

Quand pour une fillette
Je me sens de l'amour,
Je vais chez la poulette
Au son de mon tambour.
De peur qu'on ne se trompe
Quand je veux l'embrasser ,
C'est au son de ma trompe
Que je sais m'annoncer,

CHANSON D'UNE DEMOISELLE,

SUR LE DÉPART
DE SON AMANT POUR L'ARMÉE.

Air de Joconde.

Loin de l'objet de mon amour,
    Plaintive et languissante,
Dans les pleurs je passe le jour,
    La nuit je suis mourante.
Fils de Vénus, de mon tourment
    Prends pitié, je te prie,
Et ramène-moi promptement
    Le bonheur de ma vie.

Mais, non, ce serait le trahir,
    Tâchons de me contraindre,
Le motif qui l'a fait agir
    Est trop beau pour me plaindre :
Il va dans les champs de l'honneur ;
    C'est son roi qui l'appelle ;
Et plus il montre de valeur
    Plus ma conquête est belle.

Sous les étendards de Louis
   Qu'il vole à la victoire,
Et que de l'empire des Lys
   Il défende la gloire ;
J'y consens, pourvu qu'au retour
   Je lui sois toujours chère,
Et que je le trouve en amour
   Aussi brave qu'en guerre.

ELOGE DU MILITAIRE.

Air : *Ah ! maman que je l'échappe belle !*

En amour, un ardent militaire
   Vaut mieux qu'un robin
     Fade poupin,
   Trop froid pour plaïre ;
Une mine gaillarde et guerrière
   D'assaut prend un cœur
Qui s'excuse après sur sa peur.

GUÉRIN.

LE HÉROS GAILLARD.

Air : *Je l'ai planté.*

Le grand Maurice eut le courage
Et la prudence de César,
Mais ce qui m'en plaît davantage,
C'est qu'il fut un héros gaillard.

Je déteste un héros barbare,
Qui pour le sexe est sans égard ;
Nature en le formant s'égare ;
C'est un monstre, s'il n'est gaillard.

Cet Hercule que l'on renomme .
Pour un si bon frère frapart,
A peine eût passé pour un homme,
S'il n'avait pas été gaillard.

S'il n'avait filé pour Omphale,
Il eût valu moins des trois quarts ;
On craint une valeur brutale,
On aime les héros gaillards.

Hé ! qu'est-ce qu'un foudre de guerre
Au cœur farouche, à l'œil hagard,

Né pour le malheur de la terre ?
Est-ce un héros, s'il n'est gaillard ?

Non, ce n'est qu'un antropophage,
Pire qu'un loup, qu'un léopard.
De l'homme il n'a que le visage :
L'homme par essence est gaillard.

Je sais qu'une ardeur indiscrète
Peut mener à plus d'un écart ;
Mais je veux et je le répète,
Que sans faiblesse on soit gaillard.

Il ne faut point être idolâtre
D'un œil fripon, d'un nez camard :
Antoine aima trop Cléopâtre,
Il était plus fou que gailliard.

Alcide, Hector, Ajax, Ulysse,
Les dignes favoris de Mars,
Ainsi que le fameux Maurice,
Etaient tous des héros gaillards.

Qui sait bien aimer sait se battre ;
Un bon amant n'est point cagnard :
Quel plus grand prince que Henri-quatre !
Il était un héros gaillard.

DE L'ATTAIGNANT.

CHANSON GUERRIERE.]

AIR : *Mariez-moi, maman, patapantapan.*

ALLEZ, braves guerriers,
Volez à la victoire;
Allez, braves guerriers,
Moissonner des lauriers.
En soldats aguerris,
En enfans de Bellone
Que jamais rien n'étonne,
Dans les champs ennemis;
Allez planter nos lis.

De vos exploits divers,
Sur la terre et sur l'onde,
De vos exploits divers
Etonnez l'univers.
A vaincre des rivaux,
A gagner des batailles,
A forcer des murailles,
A brûler des vaisseaux,
Consacrez vos travaux,

'Abandonnez ce dieu,
Qu'on adore à Cythère ;
Abandonnez ce dieu
Qu'on adoré en cé lieu.
Que le dieu du flacon,
Ce vaillant capitaine,
Qui sut mettre à la chaîne
L'un et l'autre horizon,
Soit votre compagnon.

DE SAINT-FLOSCHEL.

LE POUVOIR DU GUERRIER.

AIR : Et r'li et r'lan.

En moi, voyez un militaire,
Qui n'est pas trop indifférent ;
On est, je crois, taillé pour plaire ;
On n'a pas mal l'air conquérant.
Sous cet habit rempli de charmes,
Dès que se présente un amant ;
    Et r'li et r'lan,
Tous les cœurs lui rendent les armes,
Relan tan plan, tambour battant.

RECOMMENÇONS.

Air : *C'est un sorcier.*

Enfant chéri de la victoire,
Bayard, cet illustre guerrier,
Est, tout en se couvrant de gloire,
Atteint par le plomb meurtrier.
Mais, ô dévouement que j'admire !
Bayard conserve, avec l'honneur,
    La valeur
    Et l'ardeur
    D'un grand cœur.
Ce brave, hélas, quand il expire,
Crie encore à ses compagnons :
    Recommençons ! (4 fois.)

O France ! ô ma chère patrie !
Quoique sous le meilleur des rois,
Ta plaie soit à peine guérie ;
Mais tu reprendras tous tes droits ;

Des jours plus heureux doivent luire,
Et si l'on ravit désormais
    Aux Français,
    Les bienfaits
    De la paix,
La victoire reviendra dire
A nos fidèles bataillons :
    Recommençons !

LÉOPOLD.

LA GLOIRE EST DU VOYAGE.

AIR : *Il a fait un voyage.*

Combien de fois le bras de Mars
A porté l'écu de la France,
La trompette, de toutes parts,
A raconté notre vaillance ;
    Après tant de hauts faits,
    Si parfois le succès
    A déçu le courage,
Toujours, quand marchent les Français,
    La gloire est du voyage.

POUR UN NOUVEAU CHEVALIER.

AIR : *Eh , gai , gai , gai , mon officier !*

Enfin, le roi de France
Te fait donc chevalier ;
Ton nom et ta vailsance
Ne pourront s'oublier.
Eh ! gai , gai , mon officier ,
Ton nom et ta vaillance ,
Eh ! gai , gai , gai , mon officier ,
Ne pourront s'oublier.

Mon cœur te félicite
De ce charmant laurier ;
C'est preuve de mérite ,
Il faut le publier.
Eh ! gai , etc.

Pour courir à la gloire ,
T'as l'pied à l'étrier.
Du temple de mémoire
C'est l' premier escalier.
Eh ! gai , etc.

Que le métier des armes
Est un charmant métier !
On y goûte les charmes
Du myrthe et du laurier.
Eh ! gai , etc.

Ma muse est si contente ,
Que, sans s'faire prier ,
A tû-tête elle chante ,
Vive le chevalier !
Eh ! gai , gai , gai , mon officier,
Ton nom et ta vaillance ,
Eh ! gai , gai , gai , mon officier,
Ne pourront s'oublier.

LE COURAGE FRANÇAIS.

Air : *Fidèle époux , franc militaire.*

Voyez le Français intrépide ,
Bravant l'hiver et les frimats ,
N'ayant que la gloire pour guide ,
Voler, s'il le faut, aux combats.
Rien n'arrête sa noble audace ,
Partout on le revoit vainqueur ,
Et pour lui, quelque froid qu'il fasse ,
Les lauriers sont toujours en fleur.

LES ADIEUX DE LA TULIPE.

Air connu.

Malgré la bataille
Qu'on livre demain ,
Çà , faisons ripaille,
Charmante Catain ;
Attendant la gloire,
Prenons le plaisir
Sans lire au grimoire
Du sombre avenir.

Si la hallebarde
Je peux mériter ,
Près du corps-de-garde
Je te fais planter ;
Ayant la dentelle,
Le soulier brodé,
La boucle à *l'oreille* ,
Le chignon cardé.

Narguant les compagnes ,
Méprisant leurs vœux ,

J'ai fait deux campagnes
Rôti de tes feux.
Digńe de la pomme,
Tu reçus ma foi ;
Et jamais rogome
Ne fut bu sans toi.

Tiens, serre ma pipe,
Garde mon briquet,
Et si Latulipe
Fais le noir trajet,
Que tu sois la seule,
Dans le régiment,
Qu'ait le brûle-gueule
De ton cher–z–amant.

Ah ! retiens tes larmes,
Calme ton chagrin,
Au nom de tes charmes...
Achève ton vin.
Mais quoi ! de nos bandes
J'entends le tambour ?
Gloire, tu commandes,
Adieu, mes amours.

MAUGENOT.

A UN BRAVE.

AIR : *Trouverez-vous un parlement.*

AMI, sur un bord étranger,
On te voit proscrit volontaire,
Des lieux que tu sus protéger.
Quoi, la gloire net'est plus chère ?
Ah ! reviens, oublie à jamais
Des vœux que forma ta vengeance;
Un Français est toujours Français,
Et la France est toujours la France.

Ne pouvant plus, comme autrefois,
Donner tous les jours à la gloire,
Tu penses que des vieux Gaulois
Le temps a terminé l'histoire.
L'honneur leur garde quelques traits,
Qui perpétueront leur puissance :
Un Français est toujours Français,
Et la France toujours la France.

Que le nom de brave à ton nom
Dans nos brillans fastes s'allie.

3*

Pourrais-tu bien, comme un Biron,
De ton bras frapper la patrie ?
Elle te doit quelques beaux faits ;
Mais toi, tu lui dois l'existence.
Un Français est toujours Français,
Et la France est toujours la France.

Ah ! quand des jeux sanglans de Mars
Devant toi la lice est fermée,
Ami, cultive les beaux-arts,
Pour lesquels ton âme est formée ;
Tu jouiras de leurs bienfaits,
Près du berceau de ton enfance ;
Un Français est toujours Français,
Et la France est toujours la France.

L. PONET.

PORTRAIT

DU MARÉCHAL DE LOWENDAL.

AIR : *A pied comme à cheval.*

Je peins un maréchal
Brave comme Annibal,

Au port majestueux et martial ;
Soutien du sceptre royal,
A Berg-op-zoom si fatal,
Qui fit tant de bacchanal
Dans le camp impérial,
L'ami de Maurice et son rival,
Allant au combat comme au bal ;
Consommé géneral,
Prudent, sobre et frugal,
Diligent, alerte et matinal,
Franc et féal,
Faisant du vrai son principal,
Et du fourbe ennemi capital ;
Ferme, constant, toujours égal ;
Ami sincère et loyal,
Amant tendre et cordial,
Généreux et libéral,
Et prêt au moindre signal.
Le héros dont le cheval
Avait pour nom Bucéphal.
Près de lui n'est qu'un brutal.
Ce portrait n'est pas si mal,
En reconnais-tu l'original ?
Oui, trait pour trait c'est Lowendal.

DE L'ATTAIGNANT.

LA PATRIE ET LE ROI.

AIR *Mon petit cœur à chaque instant soupire.*

Un troubadour, lorsqu'il monte sa lyre,
De la beauté célèbre les attraits ;
A ses transports, à son tendre délire,
On reconnaît un chevalier français.
Sexe charmant, s'il est toujours fidèle,
S'il sait garder ses sermens et sa foi,
Sans murmurer il quitte aussi sa belle,
Mais pour l'honneur, la patrie et son roi.

Il reparaît couronné par la gloire ;
Vous le voyez unir dans un seul jour,
A ses lauriers, présens de la victoire,
Le myrthe frais que lui tresse l'amour.
Pressant la main de sa constante amie,
Il lui redit : je suis digne de toi ;
Au champ de Mars, j'ai dû risquer ma vie,
Mais pour l'honneur, ma patrie et mon roi.

Assez long-temps le tumulte des armes
De nos bosquets a troublé le repos ;

Assez long-temps, nos soupirs et nos larmes
Ont avec nous fait gémir les échos.
Mais dans nos cœurs il restait l'espérance
Heureux qui sut lui conserver sa foi !
Ah ! quel bonheur ! on peut chanter en
  France :
Vive l'honneur, la patrie et le roi !

GUYON.

L'ORDRE DU JOUR.

'AIR : *Ton humeur est, Catherine.*

BRAVES enfans de Bellone,
Pour battre nos ennemis,
Dès que la patrie ordonne,
Vous êtes toujours soumis.
Vos cœurs enflammés de gloire,
Au premier son du tambour,
Vous font trouver la victoire
Fidèle à l'ordre du jour.

AUTIGNAC.

SUR LA PRISE DE BERG-OP-ZOOM.

Air connu.

STILA qu'a pincé Berg-op-zoom   *bis.*
Est un vrai moule à *Te Deum ;*   *bis.*
Vantez qu'c'est un fier vivant, pisque
Pour vaincre il se fichait du risque.

Spinola, près de Lowendal,
N'est morgué qu'un héros de bal.
L'un mollit devant les pucelles ;
L'autre entre et fait son lit chez elles.

Stapendant, pourtant le gouverneur
Qui d'Berg-op-zoom était l'souteneur,
Voulut faire l'fendant... mais zeste !
Lowendal lui fichit son reste.

Tiens, saquergué, rien que son nom
Fait autant d'effet que l'canon.
C'est qu'dans ste famille-là, l'courage
Est l'plus fort de leur héritage.

Le roi qu'a vraiment l'cœur royal
Tout d'suit' vous l'a fait maréchal ;
Dam' vis-à-vis un roi qui pense,
Le mérite a d'la récompense.

Louis en gloire est connaisseur.
Car s'te déess'là y est sa sœur.
On doit les nommer dans l'histoire
Les deux gémeaux de la victoire.

J'nons rien, mais c'est assez pour moi
Qu'un seul regard de notre roi.
Quand l'soleil donne sur une plante,
Les rayons la rendont vivante.

Dans c'te chanson qu'n'y a guères d'esprit,
Mais le cœur sait bien ce qu'il dit ;
Et puis souvent tel qui nous gouaille
En beau style n'dit rien qui vaille.

VADÉ.

LA MARCHANDE DE RIQUIQUI.
BOUTADE DE CORPS-DE-GARDE.

Air : *La séance est terminée.*

Pendant qu'd'autres font un somme
J'cède, n'importe à qui,
Pour une modique somme,
Mon modeste riquiqui.

D'corps-de-garde en corps-de-garde
J'cours dès que sonne minuit :
Entre mes bouteilles qu'il regarde
Plus d'un voudrait passer la nuit.

D'vant moi j'porte ma boutique
Qui n'me gène pas en marchant,
Et pour plaire à la pratique,
J'ai c'que n'a pas un marchand.

L'factionnaire, dans sa guérite,
Deux heures est forcé d'veiller,
S'il s'endort, d'la p'tit' Margu'rite
L'riquiqui sait réveiller.

Toujours sag'ment je m'comporte,
Quoiqu'du tambour au sergent,

Il faill' montrer ce qu'on porte,
Pour gagner un peu d'argent.

Loin de m't'nir sur le qui vive,
Quand un' patrouill' fait son ch'min ;
Comme il faut qu'tout l'monde vive,
Mon riquiqui va d'main en main.

Que *Monsieur Pigeon* fredonne
La nuit pour cacher sa peur,
D'suit' mon riquiqui lui donne
L'courage d'un sapeur.

Aux corps-de-gard' quand j'me montre
Quoiqu'j'y restions à loisir.
Aucun homm' ne tire sa montre
Tant mon riquiqui fait plaisir.
Sans chercher une cachette,
On me voit à tout moment,
Pour plaire à celui qu'achète
Me donner du mouvement.

D'richesses loin d'être avide,
Obliger fait mon bonheur.
Et si j'rentr' la bourse vide
L'plaisir a rempli mon cœur.

— Emile COTTENET.

4

RLUTUTU, OU LE FIFRE GALANT.

Air : *Fons un curé patriote.*

Je suis fifre, volontaire,
Turlututu, c'est mon nom ;
Et dans la troupe légère,
Je jouis d'un beau renom.
De mon petit r'lututu
Je vais chanter la vertu

 Rlututu, r'lututu, r'lututu,
  Rlututu, turlututu,
  Turlutu, turlututu !

Un jour, gente vivandière
Vint me trouver au quartier ;
« Que me voulez-vous, ma chère ?
» Moi!... Je voudrais solfier ;
» Et je viens vous inviter
» A m'apprendre à bien tâter,
  » Rlututu, etc.

» Volontiers, beauté mutine,
» Mais c'est à condition
» Que ta petite cantine

» Me paiera de ma leçon.
Le bon marché lui sourit ;
Et dès l'instant elle prit
    Rlututu, etc.

Bientôt elle apprit la gamme,
Et je le dis, sur ma foi,
En fort peu de temps la dame
En sut presqu'autant que moi ;
Elle y prit un si grand goût
Qu'elle préférait à tout
    Rlututu, etc.

Si quelquefois tout en nage,
Je voulais me reposer,
Elle disait : « prends courage,
» Quoi, peux-tu déjà cesser !
» Méchant, si tu m'écoutais,
» Jamais tu n'enfermerais....
    » Rlututu, etc. »

Ranimé par sa cantine,
Bientôt je recommençais ;
Mais ma débile poitrine
Se sentit de ces excès :
Car, à force de souffler,

Je n'entendis plus siffler,
        Rlututu, etc.

Quant à la pauvre fillette,
Elle en joua tant de fois,
  Qu'hélas ! comme une musette,
Elle enfla pendant neuf mois ;
Je la plaignis tendrement,
En lui disant : mon enfant,
        Que veux-tu ?
        Que veux-tu ?
Prends garde à turlututu,
Turlututu, turlututu.

LASSAGNE.

RECOMMENÇONS.

Air : *Chansons, chansons.*

Que j'aime ces fils de la gloire,
Bravant, pour gagner la victoire,
        Foudre et glaçons !
Et qui, sitôt que l'airain tonne,
Sont tout prêts à dire à Bellone :
        Recommençons !

MOREAU.

DU SIEGE DE LILLE.

Air connu.

L'amour, dans le cœur d'un Français,
L'amour est le bonheur suprême ;
Tous les instans sont pleins d'attraits
Auprès de la beauté qu'il aime ;
Mais au premier son du tambour,
Il sacrifie
A sa patrie
Son bien, sa vie et son amour.

A s'acquitter de son devoir
Un bon Français trouve des charmes ;
De son amante au désespoir,
Lui-même il essuie les larmes ;
Mais au premier, etc.

Tout homme sage avec regret
S'arme pour frapper et détruire ;
Toujours actif et toujours prêt,
Des maux de la guerre il soupire ;
Mais au premier, etc.

Qui sait délivrer son pays
Est vu comme un dieu sur la terre ;

4ᵉ

A l'objet dont il est épris
Le Français est jaloux de plaire.
  Mais au premier, etc.

J'aime qu'on désire la paix ;
Aux humains elle est nécessaire :
J'aime qu'au déclin d'un jour frais
L'on s'amuse sur la fougère.
Mais je veux qu'au son du tambour
  On sacrifie
  A sa patrie,
Son bien, sa vie et son amour.

LES GRADES MILITAIRES.

Air: *Ce magistrat irréprochable.*

Un grade pour un militaire
Est sans doute un brevet d'honneur ;
Il atteste à toute la terre
Et son mérite et sa valeur ;
Mais la justice a ses entraves,
Car, pour les actions d'éclat,
S'il fallait grader tous nos braves,
Nous n'aurions plus un seul soldat.
    CHARLES M***

LES GRENADIERS FRANÇAIS.

Air : *De la pipe de tabac.*

Amis, chaque peuple en ce monde
A ses talens et son humeur ;
L'Italie en chansons abonde ;
Le Hollandais est bon fumeur.
On boxe, on joue en Angleterre ;
Le Suisse aime à boire à longs traits ;
Mais pour l'amour et pour la guerre,
Vivent les grenadiers français.

Faut-il brusquer une victoire ?
Faut-il assaillir des remparts ?
Nos soldats avides de gloire
Se présentent de toutes parts.
Mais, à l'aspect de la grenade,
Heureux présage du succès,
Chacun dit à son camarade :
Honneur aux grenadiers français ?

Vénus qui n'était point novice,
Au myrte joignit le laurier ;

Et de la céleste milice
Aima le premier grenadier.
Suivez cet exemple, mesdames;
Pour vous épargner des regrets;
Voulez-vous de constantes flammes?
Aimez un grenadier français.

A. JAY.

L'AMOUR ET LA GLOIRE.

*'AIR : Contentons - nous d'une simple
bouteille.*

VOLEZ, amours, sur le char de la gloire;
Pour les héros les doux loisirs sont faits;
L'aimable paix embellit la victoire,
Et les plaisirs embellissent la paix.
Dans les combats, on voit Mars en colère,
Faire frémir l'univers alarmé;
Près de Vénus, voyez Mars à Cithère,
Rien n'est si doux que ce dieu désarmé.

LA BELLE CHOSE QUE LA GUERRE.

Air : *La maison de Monsieur Vautour.*

La guerre est un charivari,
Du bruit, du feu, de la fumée ;
L'un court par-là, l'autre par-ci,
Tambour battant, mèche allumée ;
L'un boit sans vin, l'autre est sans lit,
Dans la plus affreuse misère ;
Et malgré ça toujours l'on dit :
La belle chose que la guerre !

Quand tout le jour on s'est battu,
Faut voir alors la triste mine,
Lorsque le soir, au camp rendu,
On retrouve encor la famine ;
Sans pain, sans vin, sans feu, sans lit ;
On jeûne, et l'on couche par terre ;
Et malgré ça, pourtant l'on dit :
La belle chose que la guerre !

Quand on a frotté l'ennemi,
Dame ! c'est bien une autre affaire ;

C'est bien autre charivari ;
Adieu chagrin, adieu misère !
On boit son vin, on prend son lit,
On le fait coucher sur la terre ;
C'est de bon cœur qu'alors on dit :
La belle chose que la guerre !

LE RETOUR.

Air de la pipe de tabac.

Qui n'admire aux champs de la gloire
Nos braves et fameux guerriers ?
Leurs noms, au temple de mémoire,
Sont attachés à des lauriers.
Dans les douceurs de la retraite,
Ils fètent Bacchus et l'amour ;
Mais a-t-on sonné la trompette ?
Dans les rangs ils sont de retour.

BASTARD fils.

LES GUERRIERS BUVEURS.

Air : Du pas redoublé.

Si Bacchus d'un grand conquérant
    Acquit la renommée,
Parcourant l'Inde et l'Indostan,
    S'il défit mainte armée;
Après ces exploits belliqueux,
    Sur un char de victoire,
Si Bacchus monta dans les cieux,
    C'est qu'il savait bien boire.

Pour mieux rêver à ses projets,
    Assis sous une treille,
Ce héros, célèbre à jamais,
    Vidait une bouteille;
Aussi volait-il aux combats,
    Certain de la victoire,
On sait bien braver le trépas,
    Lorsque l'on sait bien boire.

Pour récompenser le guerrier,
    Le maître du tonnerre,

Au son du cor fit publier
    Dans la céleste sphère,
Que parmi les dieux il aurait
    Désormais une place,
Et qu'un même honneur attendait
    Ceux qui suivraient sa trace.

Amis, de ce fameux héros,
    Marchons donc sur ses traces;
Méditons d'illustres travaux,
    En remplissant nos tasses;
Comme lui, volons aux combats,
    Pleins du jus de la treille;
D'une main portant le trépas,
    De l'autre une bouteille.

Alors sans cesse, sur nos pas,
    Volera la victoire;
Et nos hauts faits, n'en doutons pas,
    Nous couvriront de gloire.
Aux cieux, il nous sera permis
    D'aller jouer un rôle;
C'est Jupiter qui l'a promis,
    Il nous tiendra parole.

MARTEAU.

LA TROUPE DE LIGNE
ET LA GARDE NATIONALE.

Air : *Remplis ton verre vide.*

O prodige ! ô jours d'ivresse !
Répondez, est-ce bien vous ?
Guerriers de Rome ou de Grèce
Qui renaissez parmi nous ?
Qu'ai-je dit ? mes yeux s'ouvrent ;
Ces héros sont tous Français,
Et les palmes qui les couvrent
M'avaient dérobé leurs traits.

Chœur.

Enfans de la victoire ,
Toujours vos noms vainqueurs
Resteront gravés dans nos cœurs
Comme au temple de mémoire ;
Toujours, toujours, vos noms vainqueurs
Vivront gravés dans tous les cœurs.

5,

Doux moment où la trompette
Se marie au tambourin ,
Où le son de la musette
S'unit au bruit de l'airain,
D'une main prenant un verre ,
Cueillant de l'autre un laurier,
A la fois j'embrasse un frère ,
Et je couronne un guerrier.
  Enfans de la victoire , etc.

De leurs armes protectrices
Voyez le fer fatigué ,
Contemplez leurs cicatrices ;
Ornement qu'ils ont brigué !
A la gloire de la France
Ils ont su tous s'immoler ;
Et leur sang, pour sa défense ,
Est encor prêt à couler.
  Enfans de la victoire, etc.

Français, orgueil de l'histoire ,
Votre amour, votre valeur,
Firent au loin notre gloire,
Font ici notre bonheur.
Partis jeunes pour combattre ,

Vous revenez vieux soldats ,
Et le nom seul d'Henri quatre
A pu désarmer vos bras.
    Enfans de la victoire , etc.

Que partout le vin s'élance
Et ruissèle en ce beau jour,
Au repos de leur vaillance ,
Au bonheur de leur retour,
Que tous nos caveaux s'achèvent ,
Et pour boire à ces héros ,
Levons-nous comme ils se lèvent
A l'aspect de leurs drapeaux....

Chœur.

    Enfans de la victoire ,
    Toujours vos noms vainqueurs
    Resteront gravés dans nos cœurs,
    Comme au temple de mémoire ;
Toujours , toujours vos noms vainqueurs
Vivront gravés dans tous les cœurs.

DÉSAUGIERS .

LES AMOURS D'UN TAMBOUR.

Air : *J'ons un curé patriote.*

Je suis premier tambour-maître,
Dans un brave régiment ;
Et je me suis fait connaître
Du Turc et de l'Allemand.
Bon soldat, joyeux amant,
Je vais toujours en avant :
Ran, plan, plan, } *Ter.*
Tambour battant.

Un jour, en Poméranie,
Je trouvai sur mon chemin
Villageoise bien jolie,
Venant d'un marché voisin ;
Je l'abordai galamment,
Et lui parlai sentiment.
Ran, plan, plan, etc.

De ma petite ennemie
Comme le sein palpitait !
Dans mon cœur brûlant d'envie,
Comme la charge battait !

Vers un bois sombre et charmant
J'emmenai la belle enfant,
Ran, plan, plan, etc.

—Hélas ! qu'allez-vous me faire ?
Me tuer, c'est bien cruel !
—Soyez tranquille, ma chère,
L'accident n'est pas mortel ;
Je vous ferai seulement
Ce qu'ont fait papa, maman.
Ran, plan, plan, etc.

Arrivés sous la coudrette,
Je l'embrassai vivement,
Et lui fis de la baguette
Connaître le maniement.
Elle prit docilement
Deux leçons en un moment,
Ran, plan, plan, etc.

Le regard de la fillette
Etait vif et caressant ;
—Tu bats trop tôt la retraite,
Me dit-elle, en soupirant,
Ennemi que j'aime tant,
Fais encore un roulement.
Ran, plan, plan, etc.

5*

Il faut être impitoyable
Ou bien froid, pour refuser
Villageoise, jeune, aimable,
Qui veut un triple baiser ;
Je repris le mouvement,
Et trois fois je fis vraiment
Ran, plan, plan, etc.

J'ai su que la pauvre fille
Fut triste pendant neuf mois,
Et qu'on a dans la famille
Un petit tapin du bois.
On m'écrit qu'il est bruyant,
Et qu'il criait en naissant :
Ran, plan, plan, etc.

Je n'oublierai de ma vie
Cette forêt, ce beau jour,
Les beaux yeux de mon amie,
Et son goût pour le tambour.
Je reviendrai constamment
L'épouser trois fois par an.
Ran, plan, plan,
Tambour battant.   } *ter.*

DELORME.

LES AMOURS A LA GUERRE.

Air : *Jupiter un jour en fureur.*

Ne rêvant que gloire et lauriers,
Et voulant connaître la guerre,
L'amour, un jour, quitta Cythère,
Avec ses meilleurs guerriers.
L'arc à la main, le casque en tête,
Amis, dit-il, force et gaîté ;
Marchons avec fermeté   *bis.*
    De conquête en conquête.

Le brave et joli général,
Après ce discours militaire,
Donné à sa troupe jeune et fière
Du départ l'heureux signal :
D'un ton de héros il commande
Que l'on suive partout ses pas ;
Et tout droit aux Pays-Bas,
    Il dirige sa bande.

Enfin l'on arrive, et voilà
Qu'on aperçoit un monastère :
Bientôt à la troupe guerrière,

Le commandant dit : halte-là !
Amis, vers cette forteresse
Dirigeons nos coups furieux ;
Nos vrais ennemis sont ceux
Qui font vœu de sagesse.

On pousse le cri du combat :
Vite, on dispose pièce et mèche,
Et sans tarder l'on bat en brèche ;
On compte un héros par soldat.
Jalouse de sauver la place,
Et priant le saint du couvent,
Les nones vont au-devant
   Du coup qui les menace.

On se conduit en braves gens ;
Tour à tour on pousse et repousse ;
Enfin, après mainte secousse,
La brèche s'offre aux assiégeans ;
Chaque guerrier se rendant maître
D'une sœur, qu'il prend corps à corps,
Après les plus grands efforts,
   La force à se soumettre.

L'on vit, pour la première fois,
Un ennemi que l'on renverse,

Chérir l'ennemi qui le perce,
Et sourire à ses exploits :
Et l'on dit que, posant les armes,
Enfin à la pitié rendus,
Les vainqueurs sur les vaincus
   Répandaient des larmes.

La paix faite, le général
Cria : « Je veux qu'on m'obéisse :
» Plus d'abbesse, plus de novice,
» Qu'en ces lieux tout soit égal.
» Mêmes plaisirs et même chère,
» Pour toutes même place au chœur ;
» Et qu'à l'instant chaque sœur
   » Ici devienne mère. »

Voyant par là l'ordre sauvé,
On rend grâces à la providence ;
Et, pleine de reconnaissance,
Chaque sœur répond : *Ave.*
L'air hardi, l'âme plus forte,
Jeune nonain, depuis ce jour,
Ne ferma plus à l'amour
   Ni son cœur, ni sa porte.

GENTIL.

L'HÉROISME DE CADET BUTEUX.

Air : *J'arrive à pied de province.*

Partout d'la garde nationale,
    On entend parler ;
Pour garder not' capitale
    Moi j'veux m'enrôler.
J'ai cinq bons pieds... moins un pouce,
    J'peux m'en glorifier,
J'suis bel homme, il faut que je m'pousse
    Pour être guernadier.

Not' jeune femme et not' vieille mère
    Sont d'mon sentiment :
J'vais aller trouver le maire
    D' mon arrondissement ;
Sachant bientôt me r'connaître,
    M' juger, qui pis est ;
Il verra qu' je n' peux pas l'être
    Pris pour un biset.

Avec empressement la garde
    Vient d' s'organiser.
Au plus p'tit grade j'n'ai garde

Vraiment de viser.
J'serai soldat, voilà mon système :
    Ça doit m'être égal,
Puisqu' la paye est la même
    Q' cell' d'général.

Si j'suis r'çu, comme j'espère,
    J'prends du drap d'Elbœuf;
Et j'vas tout d'suite m'fair' faire
    Un habit tout neuf.
Quoique je sois écohome,
    Messieurs, apprenez
Qué j'n'aime pas, foi d'honnête homme,
    Les habits r'tournés.

Se r'souv'nant bien d' ma tournure
    Quand j'étais pompier,
Déjà ma femme s'figure
    M' voir un' guernadier.
Comm' sa gloriole n'a pas d'bornes,
    J'parierais, mille z'yeux !
Qu'ça sera mon chapeau z'à cornes
    Qui lui plaira l'mieux.

Si queuq'jour l'danger nous regarde,
    J'n'ai jamais frémi;

On n'a qu'à m'commander d'garde,
J'attendrai l'ennemi !
Sans faire l'crane, je compte
Que lorsqu'il viendra,
Si c'est un jour que j'la monte,
Il la descendra.

ÉTIENNE-JOURDAN.

IL FAUT BOIRE.

AIR : *Pégase est un cheval qui porte*

Soldat qui recule son verre
Quand de vin je lui verse un flot,
Proscrit par un arrêt sévère,
Ne doit point monter à l'assaut.
Servez, le plaisir vous l'ordonne,
Servez Bacchus avec ferveur :
Bacchus est ami de Bellone,
Le franc soldat est franc buveur.

DUPUY-DES-ISLETS.

CHARLES VII ET AGNÈS SOREL.

Air connu.

Je vais combattre, Agnès l'ordonne,
Adieu repos, plaisirs, adieu !
J'aurai, pour venger ma couronne,
Des héros, l'amour et mon dieu.
Anglais, que le nom de ma belle
Dans vos rangs porte la terreur :
J'oubliais l'honneur auprès d'elle, }
Agnès me rend tout à l'honneur. } *bis.*

Dans les jeux d'une cour oisive,
Français et roi, loin des dangers,
Je laissais la France captive
En proie au fer des étrangers.
Un mot, un seul mot de ma belle
A couvert mon front de rougeur.
J'oubliais l'honneur auprès d'elle,
Agnès me rend tout à l'honneur.

S'il faut mon sang pour la victoire,
Agnès, tout mon sang coulera ;

Mais non, pour l'amour et la gloire,
Victorieux Charles vivra.
Je dois vaincre, j'ai de ma belle
Et les chiffres et la couleur;
J'oubliais l'honneur auprès d'elle,
Agnès me rend tout à l'honneur.

Dunois, Latremouille, Xaintrailles,
O Français! quel jour enchanté!
Quand des lauriers de vingt batailles
Je couronnerai la beauté.
Français, nous devrons à ma belle
Vous, la gloire, et moi le bonheur.
J'oubliais l'honneur auprès d'elle,
Agnès me rend tout à l'honneur.

J. DE BÉRANGER.

PORTRAIT

DU MARÉCHAL DE RICHELIEU.

Air : *Du menuet d'Exaudet.*

Richelieu
En tout lieu
Se signale ;
Pour le myrthe ou le laurier,
Bon amant, bon guerrier,
Son ardeur est égale ;
Tour à tour
En amour,
A la guerre,
Ville, maîtresse, ennemis,
Par lui d'abord sont mis
Par terre.
Toujours sûr de la victoire,
Au moindre signal de gloire,
Il est prêt,
Dès qu'il plaît
A son maître,

Qui sait qu'il triomphera
Sitôt qu'on le verra
Paraître.
Venges-moi,
Dit son roi,
L'Angleterrre
Vient d'attaquer mes vaisseaux ;
A Mahon, sur les-flots,
Va porter mon tonnerre.
Il descend,
Tout se rend
A ses charmes ;
Le beau sexe rend son cœur ;
L'Anglais, à sa valeur,
Les armes.

DE L'ATTAIGNANT.

LE GENTIL AYMAR.

ROMANCE.

AIR : *Le roi des Preux, le fier Roland.*

SUR son coursier, le jeune Aymar
Allait combattre en Idumée ;
La gloire ordonnait son départ,
Mais il pleurait sa bien aimée ;
Quand tout à coup, dans son chemin,
Un guerrier lui cherchant querelle,
S'écria : « Gentil paladin,
Ne sais-tu que pleurer la belle ? »

Fier de mesurer sa valeur,
Soudain le preux vers lui s'élance ;
Il le renverse, et sur son cœur,
Appuyant le fer de sa lance :
« Guerrier insensible à l'amour ;
» Que mon triomphe te rappelle
» Qu'au champ de l'honneur, chaque jour,
» On peut vaincre en pleurant sa belle. »

Bientôt le noble chevalier
Arrive où l'attend la victoire ;

6*

Son grand cœur, sous le bouclier,
Palpite et d'amour et de gloire.
Près des Renaud, des Godefroi,
Son bras fait tomber l'infidèle ;
Il combat pour son Dieu, pour son roi,
Et triomphe en pleurant sa belle.

Mais il revient, le jeune Aymar,
Sur le beau sol de la patrie ;
Quittant le casque et l'étendard,
Troubadour, il vole à sa mie.
Isaure accourant dans ses bras,
Lui dit : » Sois moi toujours fidèle ,
» Chercher l'honneur dans les combats »
» Aymar, c'était vaincre ta belle. »

Ainsi, dans les plaines d'Ivry,
Témoins de sa haute vaillance,
On vit jadis le bon Henri,
Tout à l'amour, tout à la France.
Le prince, exemple des héros,
Sur l'écharpe de Gabrielle,
Lui-même avait gravé ces mots :
« On peut vaincre en pleurant sa belle.»

Sylvain BLOT.

LA CAUSE DES GUERRES.

Air : *Mon père était pot.*

Apprends-moi donc, disait Lucas
Au compère Grégoire,
Qui porte les rois aux combats ?
Quelle chienne de gloire !
Sous les étendards
Du cruel dieu Mars,
Un prince à tout s'expose,
J'ignore pourquoi
Un roi bat un roi ;
Dis, en sais-tu la cause ?

Si les rois pensaient comme nous,
Répond l'ami Grégoire,
Ils n'iraient pas gaîment aux coups
Tenter une victoire.
Sous mêmes lambris,
Jamais réunis,
Ils ont une humeur noire,
Ils feraient bien mieux
De se voir entr'eux
Pour chanter, rire et boire.

L'INVALIDE FRANÇAIS.

Air : *J'ai vu le Parnasse des dames.*

Pour être utile à ma patrie,
Je redeviens gaillard, dispos ;
Partons, partons, l'honneur me crie
Que je goûte un honteux repos.
Jadis on me vit intrépide
Suivre de vaillans étendards.
Je veux encor, quoiqu'*invalide*,
De Mars affronter les hasards.

Tête chauve, moustache grise,
Ne plaident point en ma faveur;
Mais au tendron que je courtise
Je prouve souvent ma valeur.
A mon tonneau, nouveau Grégoire,
Je livre à chaque heure un combat ;
Qui sert sa belle et qui sait boire
Doit faire encor un bon soldat.

Il ne me reste qu'une jambe ;
Je n'ai qu'un bras, je n'ai qu'un œil :
Plus fier que si j'étais ingambe,

Mes blessures font mon orgueil.
Sabre en main, marchant à mon poste,
Je me damne, et c'est bien permis :
Je boite... Il faut courir la poste
Pour atteindre nos ennemis.

Lorsque, dans les champs de la gloire
Des forcenés fondront sur moi,
A mon aspect, ils pourront croire
Qu'aisément on me fait la loi.
Je les forcerai d'en rabattre ;
Ces guerriers qu'on dit si fameux,
Avec deux bras j'en rossai quatre,
Avec un bras j'en battrai deux.

Dans la plus sanglante bataille,
Quels grands dangers puis je courir ?
J'ai deux membres que la mitraille
Rompra sans me faire souffrir.
Aussi perdrai-je sans murmure
Mon faux bras, ma jambe de bois ;
Car j'ai su prendre mes mesures
Pour en changer plus d'une fois.

P. I. CHARRIN.

LE PANACHE DE HENRI.

Air: *La maison de Monsieur Vautour.*

Au temps du brave Béarnais
Un soldat fatigué par l'âge
Se trouvait loin du camp français
Malgré l'ardeur de son courage.
Au pied d'un chêne il reposait,
Forcé de fermer sa paupière ;
Mais toujours pensant qu'il devait
Finir noblement sa carrière.

Au nom d'Henri se réveillant,
Il s'anime, court la campagne,
Prend la route où ce cri touchant
Jusque dans les camps l'accompagne.
Il voit le panache d'Henri
Tout brillant d'honneur et de gloire,
Jallonant dans les champs d'Ivry
Le beau chemin de la victoire.

Emu par ce brûlant tableau,
Ce bon, ce vieux soldat s'écrie :
« Ici doit être mon tombeau :
» Puis-je mieux terminer ma vie ! »
Aussitôt il vole au combat...
Mais, atteint par le coup terrible,
Il meurt comme un digne soldat
Auprès du panache invincible.

G. DE B***

LE LYS.

Air : *Salut, ô divine espérance !*

Fleur des Bourbons, ô tige auguste !
Sois le symbole d'un beau jour ;
Et des bienfaits d'un règne juste
Dont Louis paiera notre amour.
Noble lys, avec plus de charmes
Tu viens de renaître, mais non,
Lorsqu'on t'effaça de ses armes,
Notre cœur fut ton écusson.

HENRI DE VALORI.

ALLONS SOUPER CHEZ PLUTON.

Air du vaudeville final dn Diner de Madelon.

Voyez-vous aux Thermopiles
Ce brave Léonidas,
A cent colonnes mobiles
Opposer trois cents soldats ?
Devant sa troupe il s'écrie,
Avec le plus noble ton :
Mourons tous pour la patrie ;
Allons souper chez Pluton.

De ce courage héroïque,
Nos illustres grenadiers,
Dans les champs de la Belgique
Se montrent les héritiers.
Le Français, sans rien entendre,
Bravant l'orgueilleux Breton,
Meurt plutôt que de se rendre,
Et va souper chez Pluton.

Imitons ces camarades,
Dont le nom est respecté ;

Buvons, buvons cent rasades
A leur immortalité.
Eût-on du plaisir à boire ?
Sur la terre se plût-on ?
Si l'on ternit notre gloire,
Allons souper chez Pluton.

LE BON SOLDAT.

Air à faire.

Je suis un bon soldat,
Ti ta ta ;
Tout cède à mon courage.
J'ai dans mon fourniment
Pa ta pan ,
De quoi faire ravage.

Quand je vais au combat
Ti ta ta ;
Pour moi c'est une fête.
Quand je monte à l'assaut
Tôt tôt tôt ,
Jamais rien ne m'arrête.

7

Aussitôt que j'entends
Pa ta pau,
La gloire m'aiguillonne,
Et d'un air résolu
Tu tu tu,
Sur l'ennemi je donne.

Il a beau faire feu
Ventrebleu !
Je ris de sa menace ;
S'il ne se rend d'abord
Par la mort,
Je l'étends sur la place.

Pour devenir vainqueur,
Tendre cœur,
Prenez-moi pour modèle
A grands coups de canon
Pa ta pon,
Battez la citadelle.

Allez près d'un objet
Vite au fait ;
Devenez téméraire.
Quand les dehors sont pris
Bii ibi,
La place ne tient guère.

LE PETIT TAMBOUR

DE LA GARDE NATIONALE.

Air nouveau.

Je suis le petit tambour
De la garde nationale ;
Faut voir comme j'men régale
D'rouler l'tapin nuit et jour.
L'matin j'commence ma ronde
Par monsieur l'sergent major ;
D'là , pour éveiller tout l'monde ,
Je m'promène en tapant fort ;
Eh ! r'lan , rataplan , taplan ,
Madame s'éveille , monsieur gronde ;
Eh ! r'lan , rataplan , taplan ,
C'que c'est qu'd'avoir du talent.
Je suis le petit tambour , etc.

Sur l'oreille ma cocarde ,
Mon briquet à mon côté ,
Quand j'porte un billet de garde ,
Comme je frappe avec fierté !
Eh ! r'lan , rataplan , taplan ,

Mainte portière me regarde ;
Eh ! r'lan, rataplan, taplan ,
C'que c'est qu'd'avoir du talent !
Je suis le petit tambour , etc.

Certain mari m'donne la pièce
Pour lui porter un billet ,
Il est d'garde chez sa maîtresse ,
Mais sa femme connaît l'secret.
Eh ! r'lan, rataplan, taplan ,
Au remplaçant elle s'adresse ;
Eh ! r'lan, rataplan, taplan ,
C'que c'est qu'd'avoir du talent !
J'suis le petit tambour, etc.

A la garde descendante ,
Passant devant sa maison ,
J'vois un bizet qui s'absente ,
Vite je fais le carillon.
Eh ! r'lan, rataplan, taplan ,
De l'avis sa femme est contente ,
Eh ! r'lan, rataplan, ta plan ,
C'que c'est qu' d'avoir du talent !
Je suis le petit tambour, etc.

Le soir, après mon service ,

J' vas danser aux porcherons;
A mainte fillett' novice
J' fais pincer queuq's rigaudons.
Et r'lan, rataplan, taplan,
J' brille là comme à l'exercice,
Eh! r'lan, rataplan, taplan,
C' que c'est qu'd'avoir du talent!
J'suis le petit tambour, etc.

Chez un ami quand j'm'adresse,
Pas r'doublé, vite en avant;
Pour un créancier, rien n'presse,
Pas ordinaire tout bonnement.
Eh! r'lan, rataplan, taplan,
C'est pas d' charge...... et quel talent?
Mais quand je vas voir ma maîtresse,
Eh! r'lan, rataplan, taplan,
Je suis le petit tambour
De la garde nationale;
Faut voir comme j' m'en régale
D' rouler l'tapin, nuit et jour.

DUMERSAN.

CHARLES VII.

Air: *Il faut partir, Agnès l'ordonne.*

Charles, oubliant toute la terre
Près de sa tendre Agnès Sorel,
De Talbot, ce foudre de guerre,
Allait subir le joug cruel ;
Quand, pour enchaîner la victoire,
De l'honneur lui dictant la loi,
L'amour fit crier par la gloire :
   Vive France, vive le Roi !

Soudain autour de sa couronne
Charles appelle ses chevaliers ;
Dunois et la sainte Amazone
S'élancent guidant nos guerriers.
Des Anglais la troupe est réduite
Au plus funeste désarroi ;
Et ce cri seul les met en fuite :
Vive France ! vive le Roi !

Comme jadis, France chérie,
Pour te rendre un éclat nouveau,

Que sur l'autel de la patrie
Nos cœurs ne forment qu'un faisceau.
Que si l'ennemi nous divise,
Il recule et tremble d'effroi
A ces cris, à cette devise :
Vive France ! vive le roi !

DUPUY DES ISLETS.

LA GUERRE.

AIR : *Que le sultan Saladin.*

Devant les murs d'Ilion,
Plus furieux qu'un lion,
Achille, dans sa colère,
Réduisait tout en poussière,
Et criait aux mirmidons :
Tuons, tuons!....
Et sur-tout rien n'épargnons.
Moi, je suis un bon militaire,
J'aime la guerre.

A table, imitons l'ardeur
De ce roi, toujours vainqueur

Pour commencer la bataille
Perçons d'abord la muraille
Du pâté que nous voyons.
     Perçons, forçons....
Et les débris dévorons.
Moi, je suis un bon militaire,
     J'aime la guerre.

J'aperçois les ennemis,
Ils ne sont pas réunis ;
Profitons de leur faiblesse,
Par des coups de hardiesse
Notre valeur signalons.
     Battons, taillons....
Les canards et les pigeons.
Moi, je suis un bon militaire,
     J'aime la guerre.

Emparons-nous des flacons,
Que couteaux, tire-bouchons
Servent à notre défense.
A la moindre résistance,
A nos armes recourons.
     Coupons, pillons....
Ces poulets et ces chapons.
Moi, je suis un bon millitaire,
     J'aime la guerre.

Mais la victoire est à nous:
Nous pouvons cesser nos coups.
Par quelque piquant breuvage
Ranimons notre courage;
De nos succès jouissons;
Prenons, prenons
Vins et café qui soient bons;
Moi, je suis un bon militaire,
J'aime la guerre.

AVIS.

Air : *Il faut partir, Agnès l'ordonne.*

Des temps de la chevalerie,
Amis, souvenons-nous toujours;
Prenons pour devise chérie
Dieu, la patrie et les amours.
Dignes soutiens de la couronne,
De nos rois jurons le bonheur;
Et faisons du lys qu'on nous donne;
Le symbole de notre cœur.

Long-temps dans les champs de la gloire
La France a conduit les héros,

Long-temps son hymne de victoire
Du monde a frappé les échos.
Un jour plus doux à nos yeux brille ;
Amis , de notre souverain
Célébrons l'Auguste famille ,
L'olivier et le verre en main.

Dans le zèle qui nous anime,
Inscrivons sur nos étendards :
Amour au trône légitime,
Respect aux lois, honneur aux arts.
Dignes soutiens de la couronne ,
De nos rois jurons le bonheur ;
Et faisons du lys qu'on nous donne
Le symbole de notre cœur.

GENTIL.

AMOUR ET PATRIE,

OU

LES ADIEUX D'UN VÉTÉRAN

A SON AMIE.

Air à faire.

Un cri d'alarme a troublé mon repos !
J'ai reconnu la voix de la patrie :
Pour elle, hélas ! j'ai souffert mille maux ;
Pour elle encor je veux risquer ma vie.
Tu vas pleurer jusqu'ès à mon retour :
Ah ! je le sais ; mais, dis-moi, mon amie,
Dois-je écouter les soupirs de l'amour,
Lorsque j'entends le cri de ma patrie ?

J'ai fait serment de t'adorer toujours :
Ai-je un instant cessé d'être fidèle ?
Mais notre roi réclame mon secours,
Serai-je sourd lorsque sa voix m'appèle ?
Ah ! je voudrais, dans ce charmant séjour
Rester encor ; mais, ô ma douce amie !
Lorsque mon cœur se soumet à l'amour,
J'avais offert mon bras à ma patrie.

Depuis long-temps sont gravés dans mon
    cœur
Les noms chéris d'amante et de patrie;
L'un au combat excite ma valeur;
L'autre m'engage à conserver la vie.
De mes lauriers, au jour de mon retour,
Je parerai le front de mon amie,
Et je viendrai rendre hommage à l'amour,
Heureux d'avoir délivré ma patrie.

G. V. P.

L'OMBRE DE GABRIELLE.

Charmante Gabrielle,
Toi si chère à nos cœurs;
Que ton ombre fidèle
Se couronne de fleurs;
Paris te rend hommage
    En ce moment;
Il applaudit l'image
    De ton amant.

Adorable maîtresse,
Du plus grand des Henris,

Que j'aime ta faiblesse,
Combien je te chéris !
C'est trop peu qu'une belle
    Puisse charmer,
Pour se rendre immortelle
    Il faut aimer.

Nos rives retentissent
Du nom de ton héros ;
Ses palmes refleurissent
Sous de rians pinceaux ;
Ils semblent nous le rendre,
    Chez les Français ;
Un roi gai, brave, tendre,
    Ne meurt jamais.

Que dis-je ? il ressuscite !
Il vient nous consoler !
Louis déjà l'imite,
Et veut lui ressembler.
L'âme et les soins d'un père,
    Il les aura ;
Ce qu'Henri voulait faire,
    Il le fera.

DORAT.

8

LE HÉROS ET SON ÉPOUSE.

Air : *Voilà la ressemblance.*

Vous êtes faits tous les deux
Pour être victorieux ;
   Voilà la ressemblance.
Lui , par l'effort de son bras ,
Vous, par vos yeux pleins d'appas ;
   Voilà la différence.

Rien ne résiste à ses coups ,
Et tout se soumet à vous ;
   Voilà la ressemblance.
Vous prenez, charmans vainqueurs ;
Lui des villes , vous des cœurs ;
   Voilà la différence.

Quel destin plus glorieux !
Vous triomphez en tous lieux ;
   Voilà la ressemblance.
Lui , de nos fiers ennemis ,
Et vous , de tous vos amis ;
   Voilà la différence.

La victoire qu'il conduit
Vole après vous et vous suit ;
   Voilà la ressemblance.
Il la partage avec tous,
Vous ne la devez qu'à vous ;
   Voilà la différence.

DE L'ATTAIGNANT.

A BOIRE ! A BOIRE !

AIR : *Dans le sein d'une cruelle.*

Avant de prêter l'oreille
Pour entendre mes couplets ;
Armez-vous d'une bouteille
Pleine d'un vin pur et frais ;
   Car de Grégoire
Et partisan et cousin,
J'ai pris pour encre du vin,
   Et pour refrain :
   A boire ! à boire !

Ventrebleu ! vive une armée
De soldats, de citoyens,

Du même esprit animée,
Fidèle aux mêmes liens;
Qui met sa gloire
A bien remplir ses sermens,
A chanter toujours gaîment,
A tout moment,
A boire! à boire!

Vous qui gardez notre ville,
Vous qui gardez notre roi,
Jamais troupe plus utile
N'exerça mieux son emploi....
Un jour l'histoire
Citera le zèle ardent....
Mais à votre dévoûment,
En attendant,
A boire! à boire!

Le canon dont nos murailles
S'étonnaient de retentir,
Las d'appeler aux batailles,
Appelle enfin au plaisir.
De l'onde noire
Il n'ouvre plus le chemin,
Au repos du genre humain,
Jusqu'à demain,
A boire! à boire!

Ma bouteille qui s'épuise
M'avertit de m'arrêter ;
Mais morbleu ! quoi qu'elle dise,
Je prétends encor chanter
   A la mémoire
Des guerriers morts dans les rangs,
A la santé des vivans,
   Jusqu'à cent ans,
   A boire ! à boire !

Un instant... à boire ! à boire
Au retour de nos guerriers !
Puis encore à boire ! à boire
A leurs moissons de lauriers !
   A boire ! à boire !
A mon pays, à mon roi,
A nos dames, à leur foi,
   A vous, à moi,
   A boire ! à boire !
DÉSAUGIERS.

A MM. LES GARDES DU CORPS.

Air : *Un jeune troubadour.*

Lorsqu'après tant de maux,
Après tant de souffrance,
Le ciel rend à la France
Louis et le repos ;
Est-il plus bel emploi !
Est-il devoir plus tendre
Que celui de défendre
Sa patrie et son roi ?

Nous respirons en paix,
Et le deuil *funéraire*
Couvrait encor naguères
Nos fronts d'un voile épais...
Qu'un si cruel effroi,
Qu'une si longue peine
Désormais nous apprenne
A garder notre roi.

Français, vous dont l'amour
Plus encor que les armes,

De ce soin plein de charmes
S'occupe nuit et jour,
Sur votre sainte foi
Notre bonheur se fonde....
L'espoir, la paix du monde
Sont tout en notre roi.

De nos antiques preux
Suivez, suivez l'exemple ;
Que votre œil les contemple
Au séjour glorieux !
Sur leurs têtes pourquoi
Ces palmes immortelles ?
C'est qu'à l'honneur fidèles,
Ils sont morts pour leur roi.

Vous brillerez encor
Pour ma belle patrie,
Jours de chevalerie,
Surnommés l'âge d'or ;
Où plein d'un doux émoi,
Plein d'une noble flamme,
On vivait pour sa dame,
On mourait pour son roi

Français, réunissons
Nos cœurs, nos mains, nos verres;
Confondons nos prières,
Confondons nos chansons;
Et buvez avec moi,
Au terme de la guerre,
Au bonheur de la terre,
A la santé du Roi.

Désaugiers.

LES DEVOIRS DU FRANÇAIS.

Air : *Trinquons.*

Consacrer sa vie
Au dieu des amours,
Près de son amie
Passer d'heureux jours;
Au sein des plaisirs
Trouver la douce jouissance,
Fuir les vains désirs,
Mépriser la sotte opulence;
Aimer la franchise,
Chanter les hauts faits,

Voilà la devise
De tout bon Français.

Si Mars en colère
Demande nos bras,
Sa loi nous est chère,
Volons aux combats :
Que nos ennemis
Tremblent de notre ardeur guerrière ;
Bientôt tous amis
Conservons l'âme noble et fière ;
Si jamais Bellonne
Trompait nos succès,
La gloire l'ordonne,
Mourons en Français.

Au jus de la treille
Il faut rendre honneur,
Sa couleur vermeille
Fait notre bonheur ;
Qu'un riant berceau
Ombre nos trognes rubicondes ;
Sur un vieux tonneau
Réglons les destins des deux mondes.
Pour le bon Silène
Faisons des couplets ;

Sa gaîté ramène
Les joyeux Français.

Brayons la satire
Aux traits envieux;
Mais sur notre lyre
Encensons les dieux;
Fuyons les partis,
Veillons au salut de la France;
A nos lois soumis,
Des traîtres trompons l'espérance;
Qu'un monarque auguste
Nous donne la paix;
Sur un peuple juste
Qu'il règne en Français.

De l'aimable enfance
Essuyons les pleurs,
Et de l'innocence
Soyons protecteurs;
Honorons les jours
De la vieillesse respectable,
Conservons toujours
Une conduite irréprochable.
Gardons la mémoire

De tous nos hauts-faits ;
Les fils de la gloire
Sont chez les Français.

Goménon.

VIVE LE ROI.

Air du premier pas.

Vive le Roi !
Vive notre bon père !
Vœu, cri touchant, qu'avec un doux
   émoi,
Dans le château comme dans la chau-
   mière,
Tout bon Français ajoute à sa prière :
Vive le Roi !

Vive le Roi ?
Sans le voir, si j'y pense,
Le cri m'échappe, et presque malgré moi.
Le cœur si bien nous l'apprend, que
   l'enfance,

En bégayant, déja répète en France :
Vive le Roi!

Vive le Roi,
Dit ce vieux militaire ;
Sur tes lauriers , mon fils , repose-toi !
Louis le veut, laissons en paix la terre,
Reviens chanter près de ta bonne mère :
Vive le roi !

H. Ed. PORTALE.

LE LAÜRIER ET LA CHARRUE,

ou

LE SOLDAT FERMIER.

Air du vaudeville de la robe et des bottes.

Un preux soldat , au retour de la guerre ,
D'un pas tremblant rentrait dans ses foyers;
Car il n'avait, pour tromper sa misère,
Que son honneur et ses nobles lauriers.
Un fils , doux fruit d'un lien plein de
charmes,

Dit, l'embrassant, vous avez du chagrin?
Ah ! dit le preux, mon seul bien sont
   mes armes,
Dans l'avenir rêve un meilleur destin.

A mon pays j'avais offert ma vie,
Puisque ton sort tenait à sa splendeur !....
Dix fois mon sang coula pour la patrie,
Vois-en le prix, il brille sur mon cœur.
Je me disais, au milieu du carnage,
La mort peut mettre un terme à mes
   exploits ;
Mais après moi, mon fils, pour héritage,
Aura mon nom, mes armes et ma croix.

Mais oublions une vaine chimère,
L'honneur me reste, on n'a pu m'en priver;
De mes aieux je revois la chaumière,
Son toit suffit, mon fils, pour t'élever.
Je ne dis pas quelle fut ma vaillance ;
Je te dirai quels furent nos succès :
A leur récit, en priant pour la France,
Tu seras fier d'être né d'un Français.

Lors oubliant ses vingt ans de victoire,
Et tout entier à son malheureux fils,

9

Le preux se crée une nouvelle gloire ;
Dans la nature il en goûte le prix.
Son glaive encor charme son âme émue ;
Mais ce n'est plus un glaive meurtrier ;
Il en a fait le sol de sa charrue,
Et trace avec le sillon nourricier.

Que de vertus j'admire dans l'image
De ce bon père et valeureux soldat ;
Tout en formant son fils au labourage,
Il sait en faire un soutien de l'état.
Guidant ses pas par son expérience,
Il lui dit : sème afin de recueillir ;
En attendant que tu serves la France,
Apprends, mon fils, apprends à la nourrir.

En cultivant son humble coin de terre,
On voit le preux variant ses travaux,
Soigner la fleur que tout Francais révère,
Et qui chez nous fit naître les héros.
Le ciel depuis sourit à son attente,
Tout cède aux vœux de ce fermier ;
Le blé semé par sa main triomphante
Croît et mûrit à l'ombre du laurier.

LE CHEVALIER FRANÇAIS,

ou

L'HONNEUR FRANÇAIS NE MEURT JAMAIS.

Sous les murs de la Cité sainte,
Que convoitait sa noble ardeur,
Blessé d'une mortelle atteinte,
Un chevalier dans sa douleur,   *bis.*
En voyant le Maure implacable
Poursuivre l'étendard français,
Disait : si le sort nous accable
L'honneur français ne meurt jamais, } *bis.*

Trahis long-temps par la fortune,
Ses compagnons défaits, épars,
Partageant la même infortune,
Tombent morts aux pieds des remparts;
Mais en mourant pas une plainte
Ne déshonore les Français ;
Ils répétaient : Mourons sans crainte,
L'honneur français ne meurt jamais.

Enfin flotta notre bannière

Sur les créneaux de la Cité ;
Le Sarazin dans la poussière
Enfin courba son front dompté :
Alors entr'ouvrant la paupière,
Pour la refermer désormais,
Le preux lui cria d'une voix fière :
L'honneur français ne meurt jamais.

LES GRENADIERS FRANÇAIS.

Air : *Au plus grand monarque du monde.*

Honneur et respect à la France,
Honneur à ses braves guerriers,
Combien de fois, par leur vaillance,
Ils se sont couverts de lauriers.
A leur voix, Bellone soumise
Leur présage d'heureux succès ;
Vaincre ou mourir, c'est la devise
Des braves grenadiers Français.

Pour le succès d'une bataille
Faut-il affronter le trépas ?
A travers les feux, la mitraille,
On les voit diriger leurs pas.
L'ennemi quelque temps balance ;

Il les voit , adieu ses succès ;
Fuyons , dit-il , plus d'espérance ;
Voilà les grenadiers Français.

Faut-il soumettre un cœur sauvage ;
Prendre de force un bastion ,
Rien ne résiste à leur courage ,
Mars même les craindrait , dit-on.
Enfans chéris de la victoire ,
Rien ne les arrête jamais.
Enfin , pour aimer , battre et boire ,
Vivent les grenadiers Français.

Si quelque ennemi de la France
Osait un jour troubler son bonheur ,
On les verra pour la défense
Voler tous aux champs de l'honneur ;
Ces mots sacrés : Louis ! Patrie ! —
Les assureront du succès.
Avec moi que chacun s'écrie :
Honneur aux grenadiers Français.

Par J. Dufour.

SERMENT FRANÇAIS.

Français, au trône de ses pères
Louis enfin est remonté !
Enfin des destins plus prospères
Ramènent le bonheur et la tranquillité !

Abjurons toutes nos querelles ;   (bis.)
De l'honneur écoutons la voix ;
Jurons, jurons d'être à Louis fidèles,
Jurons de défendre ses droits !

Par lui notre belle patrie
Connaît les douceurs de la paix :
Tous ses malheurs, il les oublie ;
Il veut, pour se venger, le bonheur des
    Français.

Abjurons, etc.

Que le laboureur, sans alarmes,
Bénisse son heureux retour ;
Que la mère sèche ses larmes,
Louis lui rend le fils si cher à son amour.

Abjurons, etc.

Vous, nobles enfans du génie !
De Louis chantez les bienfaits :
Aux arts il vient rendre la vie,
Et vos palmes vont croître à l'ombre de
la paix.

Abjurons, etc.

Guerriers, fiers soutiens de la France,
Venez jouir de vos exploits,
Que désormais votre vaillance
Soutienne avec honneur nos légitimes
Rois.

Abjurons, etc.

De ses états et de son trône,
Banni par un destin cruel,
Dieu qui lui rend sa couronne,
Le Fils de Saint-Louis va relever l'autel.

Abjurons, etc.

Fille des Rois, sois sans alarmes !
Ne vois qu'un brillant avenir ;
Les Français essuieront tes larmes :
Ils les ont fait couler, ils sauront les tarir.

Abjurons toutes nos querelles ;
De l'honneur écoutons la voix :
Jurons d'être à Louis fidèles !
Jurons de défendre ses droits.

LA CONSIGNE

D'UN GARDE-DU-CORPS.

AIR : *Femmes, voulez-vous éprouver ?*

Admis dans la garde du Roi,
Jeune guerrier, je vais te dire
Ce qu'il exige de ta foi,
Ce que l'honneur doit te prescrire :
Pour lui seul garde ta valeur ;
C'est le père de la patrie.
Il te place au poste d'honneur ;
Veille à ses jours, qu'il te confie.

Tes illustres prédécesseurs
T'ont laissé le plus noble exemple ;
Et l'estime, dans tous les cœurs,
A leur mémoire élève un temple.
« Au prince toujours obéir, »

Voilà leur maxime chérie ;
« Ne vivre que pour le servir ;
« Et mourir pour sauver sa vie. »

Alors qu'au palais de nos rois
Parut une horde inhumaine,
Qui, sous les pieds foulant les lois,
Menaçait les jours de la reine ;
Soudain on les vit accourir
Où la mort semblait les attendre ;
Tous ils vivaient pour la chérir,
Ils moururent pour la défendre.

« Aime Dieu, ton roi, tes parens,
Et sois fidèle à ta maîtresse, »
C'était la leçon qu'en tout temps
Suivit constamment la noblessse.
Bon sang jamais ne peut mentir.
Jeune guerrier, tu dois m'entendre ;
Oui, tu vivras pour les servir,
Et tu mourras pour les défendre.

MONTOL DE SERIGNY.

OUVREZ LA PORTE !
IL EST FRANÇAIS.

Air nouveau.

Pan pan, c'est moi qui vous inspire :
Je suis l'enfant de la gaîté ;
Le jour, je chante sur ma lyre,
La nuit, je plais à la beauté ;
Mon humeur est bouffonne ;
Pour rire je suis les palais ;
Momus est le nom qu'on me donne.
Ouvrez la porte ! il est Français.

Pan pan, c'est moi l'homme à la mode,
La terreur de tous les maris,
Si je prends femme, il m'est commode
D'en avoir cinquante à Paris ;
Avec Bacchus je déraisonne,
Avec l'amour j'ai des succès ;
Mais l'inconstance est ma patrone.
Ouvrez la porte ! il est Français.

Pan pan, c'est moi le vieux Labrêche :
J'ai choisi Mars pour mon patron,

Pour lui je conservais la mêche,
Qui faisait ronfler mon canon;
Je jure qu'à l'honneur fidèle,
Mon bras ne défendra jamais
Que mon pays, mon roi, ma belle.
Ouvrez la porte ! il est Français.

Pan, pan, c'est moi peintre d'histoire ;
L'apôtre des miraculeux,
De nos héros chers à la gloire
Je peindrai les faits merveilleux;
Jamais d'une troupe ennemie
Mon crayon n'a formé les traits,
Mes pinceaux sont à ma patrie.
Ouvrez la porte ! il est Français.

Pan pan, c'est moi le père la Treille,
De Bacchus premier sommelier,
J'ai pour maitresse ma bouteille,
Et pour ami mon tonnelier.
J'abandonne un instant ma cave,
Pour venir vers vous tout exprès
Boire à la santé de nos braves.
Ouvrez la porte ! il est Français.

LE CRI DES BRAVES.

'AIR : *Un jour Guillot trouva Lisette.*

Si l'affreux démon des conquêtes
De la paix troublait l'heureux cours,
Les combats deviendraient des fêtes,
Le Français y brilla toujours.
Que notre drapeau nous anime !
Que partout il marche en vainqueur !
Et que ce cri soit unanime :
Le Roi, la patrie et l'honneur !

FIN.

www.ingramcontent.com/pod-product-compliance
Ingram Content Group UK Ltd.
Pitfield, Milton Keynes, MK11 3LW, UK
UKHW022040170726
13837UKWH00002B/698